pequeños & GRANDES
cuaderno de adhesivos

BALLENAS Y DELFINES

Combel
EDITORIAL

Edición original de Miles Kelly Publishing
Título original: *Whales & Dolphins*
© Miles Kelly Publishing
© de esta edición, Combel Editorial
Casp, 79 – 08013 Barcelona
www.combeleditorial.com
Adaptación: Núria Riambau
Primera edición: febrero de 2010
ISBN: 978-84-9825-522-5
Impreso en China

Introducción

Las ballenas y los delfines son mamíferos de sangre caliente. Viven en el mar, a veces en grupos, como los delfines comunes, y otras veces solos, como la ballena azul.

Entre las especies del grupo de las ballenas y los delfines hay algunos mamíferos increíbles que baten todos los récords: el animal más grande del mundo, el cazador más grande, y algunas de las criaturas más rápidas, más listas y que se sumergen a mayores profundidades.

Con este magnífico cuaderno de adhesivos aprenderás muchas cosas sobre las ballenas y los delfines e impresionarás a tus amigos con datos asombrosos.

Miniadhesivos

¿Cuántos delfines viven en un grupo? ¿Qué ballena caza calamares? Utiliza los miniadhesivos para aprenderlo todo sobre las ballenas y los delfines.

Ballenas: el animal más grande que existe. Las ballenas presentan un comportamiento especial e interesante.

Delfines: normalmente se encuentran en grupos grandes, y es bien sabido que son listos y juguetones.

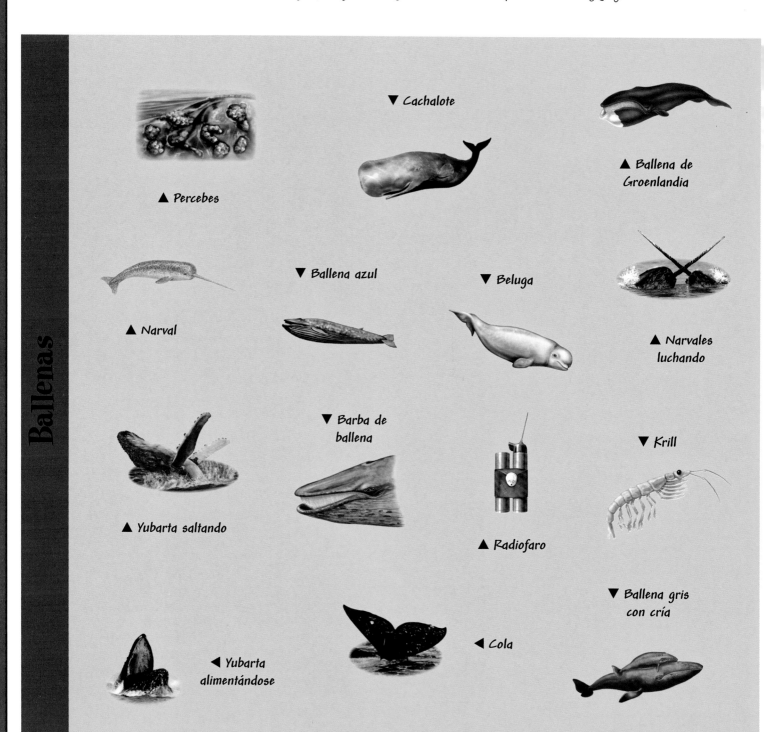

Ballenas

▲ Percebes

▼ Cachalote

▲ Ballena de Groenlandia

▲ Narval

▼ Ballena azul

▼ Beluga

▲ Narvales luchando

▲ Yubarta saltando

▼ Barba de ballena

▲ Radiofaro

▼ Krill

◀ Yubarta alimentándose

◀ Cola

▼ Ballena gris con cría

▲ Delfín común

▼ Ballena asesina cazando

▲ Delfín atrapado en
una red de pesca

◄ Delfín oscuro

▶ Delfines aplaudiendo

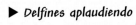

▼ Dentadura del delfín

▼ Grupo de delfines

▲ Delfines mulares

▼ Mosaico con delfín

▼ Delfín del Ganges

▲ Ballena asesina
asomándose a la superficie

▼ Saltando las olas

▼ Delfines juntos

◄ Ballena asesina

▼ Calderón

▼ Delfín con cría

▼ Orientándose

▲ Habilidades
de los delfines

Delfines

Ballenas y delfines

 ▼ **Habilidades de los delfines**

Los delfines son muy listos y pueden entrenarse perfectamente para hacer ciertos números, como por ejemplo, saltar para atrapar peces.

▲ **Delfín común**

Fácil de reconocer por las manchas amarillas que tiene en el cuerpo, el delfín común suele encontrarse en grupos grandes.

▲ **Delfín con cría**

Cuando nace un delfín, la madre lo empuja suavemente hasta la superficie del agua para que pueda respirar.

▼ **Orientándose**

Para orientarse, los delfines emiten sonidos y después escuchan el eco que éstos producen al rebotar contra las rocas. Así saben dónde hay rocas.

▲ **Cachalote**

Es el cazador más grande del mundo. El cachalote caza peces grandes, pulpos e incluso calamares gigantes.

▲ **Ballena asesina**

También denominada orca, la ballena asesina es en realidad un delfín. Esta fiera de color blanco y negro es la más grande de la familia de los delfines.

◄ **Yubarta saltando**

Las yubartas son capaces de lanzarse fuera de la superficie y de espaldas al agua. Pueden hacerlo hasta 200 veces seguidas.

▲ **Narval**

El narval macho tiene un colmillo, que en realidad es un diente largo que puede llegar a medir 3 metros de longitud.

▲ Delfín oscuro
Este mamífero acróbata
es bien conocido por sus
grandes saltos y volteretas.

▼ Grupo de delfines
Se suele ver a los delfines
nadando en grupos grandes
de hasta 3.000, sumergiéndose
y saliendo del agua.

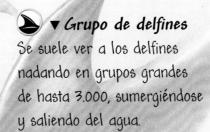

**▲ Ballena asesina
asomándose a la superficie**
Las ballenas asesinas suelen
sacar la cabeza del agua para
mirar alrededor.

▼ Delfín del Ganges
También conocido como el susu
o bhulan, este delfín en vías de
extinción se encuentra en el río
Ganges, en la India.

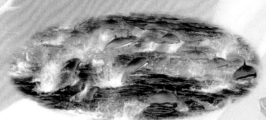

▲ Delfines aplaudiendo
Simpáticos, listos y juguetones,
los delfines también se pueden
ver en zoos, acuarios
y parques acuáticos.

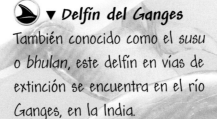

▲ Yubarta alimentándose
Para alimentarse, la yubarta da
un gran trago de agua y después
la expulsa toda y se queda con
el pescado en la boca.

▲ Ballena azul
Es el animal más grande
del mundo. Mide alrededor
de 30 metros de longitud
y pesa unas 150 toneladas.

▶ Ballena gris con cría
La cría de la ballena gris es una
de las más grandes del mundo:
pesa media tonelada y mide
aproximadamente 5 metros.

**El cachalote tiene el cerebro más grande del mundo: pesa 8 kilos,
más de cinco veces el tamaño de un cerebro humano.**

El gemido de la ballena

Todas las ballenas y los delfines hacen ruido. Gritan, chillan, emiten chasquidos, gimen y aúllan: es la forma de comunicarse entre ellos y su modo de orientarse. La yubarta macho es una de las ballenas más ruidosas. Canta una canción llena de aullidos, alaridos y chillidos fantasmagóricos, y lo hace de forma repetitiva. Intenta atraer a la hembra con su canción de amor, que puede durar hasta 22 horas seguidas.

Mientras canta, la yubarta arquea el cuerpo para que la cabeza y la cola caigan hacia abajo.

Imita algunos sonidos de delfín

Necesitarás:
- un tubo de plástico (una manguera) • una tarjeta
- un peine de plástico • una regla

1. Intenta imitar los ruidos que emiten las ballenas y los delfines.
2. Suelta un gemido estremecedor a través de un trozo corto de manguera mientras retuerces el otro extremo.
3. Fabrica un embudo enrollando la tarjeta, y grita por el extremo más estrecho.
4. Frota las púas del peine contra la regla para producir una serie rápida de chasquidos similares a los de un delfín.

▲ Delfín común

▲ Delfín y cría

▲ Ballena asesina

▲ Habilidades de los delfines

▲ Orientándose

▲ Cachalote

▲ Narval

▲ Yubarta saltando

Ballenas y delfines

▲ Delfín común

▼ Delfín y cría

▶ Habilidades
de los delfines

▼ Ballena asesina

▲ Cachalote

▼ Narval

▼ Yubarta saltando

▲ Orientándose

Ballenas y delfines

▲ Grupo de delfines

▲ Delfín oscuro

▲ Delfines aplaudiendo

▲ Ballena azul

▲ Delfín del Ganges

▲ Ballena asesina
asomándose

▲ Ballena gris
con cría

▲ Yubarta
alimentándose

▼ Grupo de delfines

▼ Delfín oscuro

▼ Delfines aplaudiendo

▲ Ballena azul

▼ Ballena asesina asomándose
a la superficie

▲ Delfín del Ganges

▼ Ballena gris
con cría

▲ Yubarta alimentándose

▼ Delfines mulares

▲ Dentadura del delfín

▼ Delfines juntos

▲ Narvales luchando

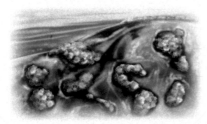

▲ Percebes

▼ Ballena de Groenlandia

▼ Barba de ballena

▲ Cola

▲ Delfines mulares

▲ Dentadura del delfín

▲ Delfines juntos

▲ Narvales luchando

▲ Percebes

▲ Ballena de Groenlandia

▲ Cola

▲ Barba de ballena

Ballenas y delfines

◄ Ballena asesina cazando

▲ Beluga

◄ Calderón

▼ Krill

▼ Delfín atrapado en una red de pesca

◄ Mosaico con delfín

▼ Radiofaro

▲ Saltando las olas

▲ Delfín atrapado en una red de pesca

▲ Mosaico con delfín

▲ Beluga

▲ Ballena asesina cazando

▲ Calderón

▲ Krill

▲ Radiofaro

▲ Saltando las olas

Rápidos y feroces

Los delfines y las ballenas son carnívoros: se alimentan de la carne de otros animales, como los peces y los calamares. En ocasiones, incluso devoran cangrejos, gambas u ostras. Los delfines tienen que ser muy rápidos para cazar a su veloz presa. Se retuercen y se vuelven con rapidez en el agua para atrapar a los peces pequeños. Incluso cazan en grupo: rodean un banco de peces y entonces atacan. Cuando un delfín atrapa un pez, se lo mete en la boca y se lo traga entero. Normalmente los delfines tienen entre 60 y 100 dientes anchos y en forma de cono, que necesitan para atrapar la comida escurridiza.

Ballenas y delfines

▲ Delfines mulares
Saltan a más de 6 metros del agua y pueden alcanzar una velocidad de más de 50 kilómetros por hora.

▲ Narvales luchando
Durante el período de reproducción, los narvales macho luchan entre sí con sus largos colmillos.

▲ Barba de ballena
Algunas ballenas se alimentan filtrando a presas pequeñas del agua del mar mediante estas largas tiras de hueso denominadas barba de ballena.

▼ Cola
También conocidas como aletas, las colas varían de tamaño y forma; por ejemplo, la aleta de una ballena azul puede llegar hasta 8 metros de longitud.

▲ Delfines juntos
Los delfines tienen la piel muy sensible y les gusta nadar en grupo, casi tocándose, lo que demuestra que son buenos amigos.

▲ Dentadura del delfín
Los delfines tienen muchos dientes –entre 60 y 100– que les ayudan a atrapar la presa escurridiza.

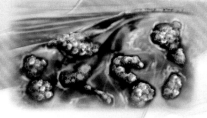

▲ Percebes
Algunas ballenas, como las yubartas, tienen la cabeza cubierta de unos crustáceos llamados percebes.

◄ Ballena de Groenlandia
Con una capa de grasa de hasta 10 centímetros de grosor para mantenerse en calor, está bien preparada para la región fría del Ártico.

 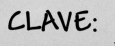

▲ Saltando las olas
A los delfines les gusta nadar en la ola en forma de V que se forma delante de la proa de un buque o una barca.

▲ Ballena asesina cazando
La ballena asesina suele arrastrarse hasta la playa, atrapa una foca y luego vuelve al mar para comérsela.

▼ Krill
Las ballenas grandes se alimentan de krill. Los krill son gambas pequeñas que se pueden hallar en grandes grupos, lo que las convierte en una presa fácil.

▼ Beluga
Es una de las ballenas más ruidosas. La beluga se camufla fácilmente en el hielo gracias a su insólito color blanco.

◄ Mosaico con delfín
En la Gran Bretaña romana los suelos se decoraban con mosaicos, que a veces mostraban delfines.

▲ Delfín atrapado en una red de pesca
Los delfines pueden quedar atrapados en redes de pesca, lo cual es peligroso porque pueden ahogarse.

▲ Calderón
Presente en casi todos los mares, el calderón es un delfín grande de verdad: el macho puede crecer hasta 7 metros de longitud.

◄ Radiofaro
A muchas ballenas y delfines se les sigue el rastro por satélite, con la ayuda de un radiofaro que llevan fijado a la aleta.

Durante el verano, la ballena azul puede comer 4 toneladas de comida en un día, lo que equivale a unos cuatro millones de krill.

¡Los mayores y los mejores!

Sigue leyendo y descubrirás datos relacionados con el mundo submarino que han batido récords.

Si se queda atrapada bajo el hielo del Ártico, la ballena de Groenlandia puede romper una capa de más de 30 cm de grosor con el fin de hacer un agujero para respirar.

Cuando se halla en descanso, el corazón de una ballena azul late de seis a ocho veces por minuto, es decir, diez veces más despacio que el corazón de un ser humano.

El rorcual común emite un sonido muy intenso que dura tanto tiempo que antiguamente hacía pensar a las tripulaciones de los submarinos que era el zumbido de alguna máquina.

• La mayoría de ballenas y delfines no tienen que sumergirse más de 50 metros. El cachalote se sumerge a más de 3.000 metros para cazar a su presa: el calamar gigante.

• Actualmente, el animal más grande es la ballena azul. Crece alrededor de 30 metros de largo, una longitud equiparable a la que ocupan siete vehículos familiares colocados en fila. Alcanza 150 toneladas de peso, lo que equivale a 2.000 personas o 35 elefantes.

• El mamífero nadador más rápido es la ballena asesina, que alcanza velocidades de hasta 55 kilómetros por hora.

Un nadador rápido tardaría 30 semanas en nadar la distancia que cubre la ballena gris durante su migración; la ballena hace el viaje en menos de seis semanas.

Descubre más datos interesantes sobre las ballenas y los delfines.

• Las aletas de la yubarta pueden llegar a los 4 metros de largo. También son las más características, ya que presentan los bordes frontales ondulados.

• Cuando nacen, las belugas son de un gris oscuro, y poco a poco se les va aclarando el color. Cuando son adultas (de cinco a diez años), son blancas.

• Hay tres tipos de cachalotes. El más grande es el cachalote común, que se dedica a cazar el calamar gigante. El cachalote pigmeo (en la parte superior) tiene un tamaño mediano, y el cachalote enano (en la parte inferior) es el más pequeño, pese a ser dos veces más grande que una persona.

La mayoría de delfines y ballenas sólo puede sumergirse de dos a veinte minutos. El cachalote puede aguantar la respiración para sumergirse durante más de dos horas.

La ballena azul emite el sonido más fuerte en comparación con cualquier animal; es más fuerte que un cohete al despegar.

La ballena de Groenlandia es la que tiene la barba más larga, de más de 4 metros de largo.

La cría recién nacida de la ballena azul bebe 350 litros de leche materna al día, lo suficiente para llenar cuatro bañeras.

¡Pon a prueba tu memoria!

Los delfines se sumergen y duermen durante breves períodos de tiempo, ya que necesitan salir a la superficie para respirar.

Actualmente sólo quedan 14.000 ballenas azules vivas, en comparación con las más de 250.000 que había antes de que empezara la pesca de ballenas.

Las ballenas poseen todos los sentidos de los humanos, salvo el olfato.

¿Qué puedes recordar de lo que has leído en este cuaderno? ¡Ponte a prueba!

1. ¿Qué ballena es la mayor cazadora del mundo?
2. ¿Con qué nombre se conoce comúnmente al *susu*?
3. ¿Cuánto puede llegar a comer al día una ballena azul?
4. ¿Cómo se puede seguir el rastro de las ballenas y los delfines?
5. ¿Por qué son peligrosas las redes de pesca para los delfines?
6. ¿Hasta qué profundidad puede sumergirse un cachalote?
7. ¿De qué color son las belugas cuando nacen?
8. ¿Qué tamaño tiene una ballena azul?
9. ¿Para qué saca la cabeza del agua una ballena?
10. ¿Una ballena asesina es una ballena o un delfín?
11. ¿Cuál es la ballena que tiene un colmillo muy largo?
12. ¿Cuánto tiempo puede durar la canción de amor de una yubarta?

Hace muchos años, el diente parecido a un colmillo que posee el narval se vendía como el «verdadero cuerno» del mítico caballo llamado «unicornio».

13. ¿Cuántos dientes tienen los delfines?
14. ¿Qué otro nombre tienen las colas de las ballenas y los delfines?
15. ¿Cuántos tipos de cachalotes hay?
16. ¿Qué ballena tiene las aletas más largas?
17. ¿Quién escribió *Moby Dick*?
18. ¿Cuántas ballenas azules vivas hay en la actualidad?
19. ¿Cuál es el sentido que sí tenemos los humanos y las ballenas no?
20. ¿A qué velocidad puede nadar una ballena asesina?

En largos viajes marinos, los marineros esculpían huesos de ballena con bellas formas y estatuas denominadas scrimshaw.

El corazón de una ballena azul es del tamaño de un coche pequeño.

La historia de Herman Melville *Moby Dick* se basa en el tiempo que el escritor pasó a bordo del barco de pesca de cachalotes Acushnet, en la década de 1840.

Respuestas:

1. El cachalote. 2. Delfín del Ganges. 3. 4 toneladas. 4. Con un radiofaro. 5. Porque si se quedan atrapados, pueden ahogarse. 6. Hasta 3.000 metros. 7. Gris oscuro. 8. 30 metros de largo y 150 toneladas de peso. 9. Para explorar los alrededores. 10. Un delfín. 11. El narval. 12. Hasta 22 horas. 13. De 60 a 100 dientes. 14. Aletas. 15. Tres. 16. La jubarta. 17. Herman Melville. 18. 14.000. 19. El olfato. 20. A 55 kilómetros por hora.

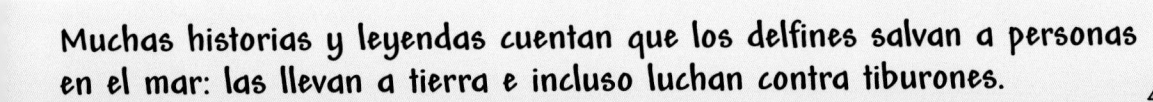

Muchas historias y leyendas cuentan que los delfines salvan a personas en el mar: las llevan a tierra e incluso luchan contra tiburones.

Más cuadernos de adhesivos

Si quieres seguir divirtiéndote,
colecciona todos los cuadernos de adhesivos de la serie.

ISBN: 978-84-7864-929-7

ISBN: 978-84-7864-928-0

ISBN: 978-84-7864-930-3

ISBN: 978-84-7864-927-3

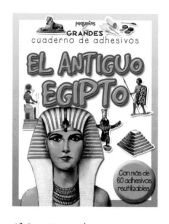

ISBN: 978-84-9825-113-5

ISBN: 978-84-9825-112-8

ISBN: 978-84-9825-114-2

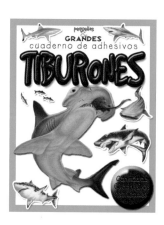

ISBN: 978-84-9825-111-1

ISBN: 978-84-9825-522-5

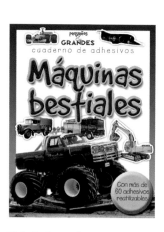

ISBN: 978-84-9825-523-2

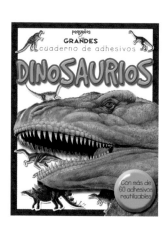

ISBN: 978-84-9825-524-9